Gottschalk

Friedhöfe der St.-Hedwigs-Gemeinde

UNS GELITTEN HAST JESUS CHRISTUS

Wolfgang Gottschalk

Die Friedhöfe der St.-Hedwigs-Gemeinde zu Berlin

NiSHEN

Das *vordere Umschlagbild* zeigt das Eingangsportal und die Kapelle auf dem Friedhof in Weißensee, das *hintere Umschlagbild von oben nach unten* St.-Hedwigs-Kathedrale; Priestergedenkstein auf dem Domfriedhof in Reinickendorf; auf dem alten Domfriedhof in der Liesenstraße; Grabkreuz für den Holzbildhauer Georg Tyllack auf dem Friedhof in Hohenschönhausen. Als *Frontispiz* hölzernes Grabkreuz aus der Werkstatt Georg Tyllack von 1940 auf dem Friedhof in Weißensee.

Sämtliche *Fotografien* stammen von Wolfgang Gottschalk; die beiliegenden *Lagepläne* wurde gezeichnet von Bernd Fischer, Zeuthen, nach Unterlagen der Friedhofsverwaltungen. Der Plan auf Seite 20 wurde mit freundlicher Genehmigung *Baedeker's Berlin und Potsdam von 1878* entnommen.

Gerne schicken wir Ihnen weitere Informationen über die im Verlag erschienenen Titel. Schreiben Sie bei Interesse eine Postkarte an die untenstehende Anschrift.

Redaktion Gabrielle Pfaff
Lithos O.R.T. Kirchner + Graser, Berlin
Satz Uhl + Massopust, Aalen
Druck und Bindung Kösel, Kempten
Allen Beteiligten dankt der Verlag.

ISBN 3-88940-060-4

Inhalt

Blick zur Grabstätte Arnstein
(um 1906)

Zum Geleit

Die Idee, ein Büchlein über die Friedhöfe der Dompfarrei St. Hedwig herauszugeben, ist zu loben. Noch heute gibt es Pfarrkirchen, die ein Gemeindefriedhof umgibt; denn die Toten – wie wir auch gern sagen: die Heimgegangenen – gehören zu uns, die wir unseren Lebensweg auf dieser Erde noch zu bestehen haben. Das Anwachsen der Städte führte dazu, die Friedhöfe außerhalb der Stadt anzulegen. So erging es auch der Dompfarrei St. Hedwig. Durch die weitere Ausdehnung der Wohngebiete – gerade in Berlin – kamen die Friedhöfe jedoch wieder mitten in den Lebensraum der Menschen. Das gibt erneut die Chance, mit den Heimgegangenen in unserer Stadt zu leben.

Die moderne Gesellschaft bringt es anscheinend mit sich, daß die speziellen Bedürfnisse bestimmter Personengruppen in besonders qualifizierten Häusern betreut werden sollen: Kindergärten, Krankenhäuser, Seniorenheime, Hospitäler. Da können die Verwandten ihre Kontakte zu einem Kind, einem Kranken, einem älteren Menschen schon einmal vernachlässigen. Man hat ja auch so viel zu tun. Da der Tod von vielen verdrängt wird oder mehr als »Unfall« oder »Lebensende« angesehen wird, so geraten auch die Toten und damit die Friedhöfe immer leichter in Vergessenheit.

Die vorliegende Publikation über die Friedhöfe der Dompfarrei St. Hedwig will helfen, unseren Lebensraum wieder zu erweitern und die Heimgegangenen in die christliche Glaubens- und Lebensgemeinschaft bewußter einzubeziehen. Der Besuch eines Friedhofes lohnt sich immer, wenn man sich etwas Zeit mitnimmt. Wie es schon das Wort sagt, handelt es sich um einen »umfriedeten Platz«. Er ist aus dem Alltagsgeschehen herausgenommen. Das viele Grün – Hecken, Sträucher und Bäume – geben dem Ort eine besondere Atmosphäre.

Alle Sinne des Menschen werden angesprochen: Es gibt viel zu schauen; die Stille, Vögel oder den Wind kann man hören; das Duften der Gräser, Bäume und Blumen umgibt einen. Das Hasten und Eilen kann so übergehen in Besinnlichkeit und innere Ruhe.
Dreierlei möchte ich dem Besucher eines Friedhofes gern mit auf den Weg geben:

Der Friedhof ist Ort der Geschichte

Die Broschüre will helfen, die Gräber von Frauen und Männern aufzusuchen, deren Leben für unsere Stadt, für das Bistum Berlin bedeutsam geworden ist. Auch die Geschichte des einzelnen Friedhofes selbst zeigt in die Vergangenheit, verweist auf Entwicklungen oder Ereignisse, die an Denkmälern, Gebäuden, Mauerresten ihren Niederschlag gefunden haben.

Der Friedhof erzählt von den Menschen

Der Friedhof erzählt von den Menschen, die hier ihre Toten begraben haben. Es lohnt, sich aufmerksam einzelne Grabsteine anzusehen. Christliche Symbole, Schriftworte, Lebensdaten sprechen vom Glauben an ein Leben nach dem Tod. Die Hoffnung auf den Erlöser, auf Christus, kommt oft zum Ausdruck. Auch die liebevolle Pflege einzelner Gräber oder das traurige Bild vergessener Grabstellen können einem viel sagen. Überhaupt ist es hilfreich, angesichts der Denkmäler und Namen auch an den eigenen Tod erinnert zu werden. Er gehört zu unserem Leben und braucht nicht verdrängt zu werden.

Der Friedhof ist ein Ort der Zwiesprache

Wer aufmerksam durch die Gräberreihen geht, kann junge oder ältere Menschen finden, die versunken oder besinnlich an einem Grabhügel stehen oder sitzen. Er kann dann auch entdecken, wie jemand am Grab mit dem

Heimgegangenen spricht, ihm aus seinem Leben all das erzählt, was andere schon nicht mehr hören wollen. Es geht hier nicht um Selbstgespräche. Es geht um Zwiesprache, um Vertrautheit und Verbundenheit mit dem, der hier seine irdische Ruhestätte gefunden hat. Im christlichen Glauben wächst die Gewißheit, daß unsere Toten uns in einer neuen Weise nahe sind und nahe bleiben. – Schließlich kann der Friedhof für den Besucher zum Ort der Zwiesprache werden, zum Nachdenken über das eigene Leben und zum Sprechen mit Gott. Es müssen nicht Worte sein; auch das dankbare oder betroffene Stehen vor dem gegenwärtigen Gott ist Gebet.

Das Geleitwort will eine Art Einladung sein, Friedhöfe als Orte des gläubigen Lebens zu entdecken und sie auch gern zu besuchen. Bei jeder Eucharistiefeier wird der Verstorbenen gedacht, weil sie zu uns gehören und uns aufgegeben sind. Im zweiten Hochgebet betet die Kirche:

> »(Vater,) Gedenke unserer Brüder und Schwestern, die
> entschlafen sind, in der Hoffnung, daß sie auferstehen.
> Nimm sie und alle, die in deiner Gnade aus dieser Welt
> geschieden sind, in dein Reich auf, wo sie dich schauen von
> Angesicht zu Angesicht.«

Ich würde mich freuen, wenn diese Veröffentlichung viele interessierte Leser fände.

Berlin, im Januar 1991

Otto Riedel
Dompropst von St. Hedwig

Oberbaurat
Josef Kirch
Barbara Kirch
geb. Müller
ZALA

Vorbemerkung

Von den heute neun katholischen Friedhöfen im geeinten Berlin werden in dieser Publikation jene vier vorgestellt, die den Namen von Sankt Hedwig tragen, außerdem die St.-Hedwigs-Kathedrale als Begräbnisort und der nicht mehr existierende Hedwigsfriedhof an der Chausseestraße.

Damit wird nicht nur ein wichtiger Teil der katholischen Gemeindegeschichte unserer Stadt angerissen, sondern auch deren enge Verknüpfung mit der deutschen und der Berliner Geschichte veranschaulicht. Vor sieben Jahrzehnten gab ein von Carl Sonnenschein verfaßter Beitrag in »Kirche und Welt«, Beilage zur Zeitschrift »Germania« vom 10. November 1921, folgende treffende Charakteristik: »Hier liegen friedlich nebeneinander Deutsche, Franzosen, Italiener, Engländer, Spanier, Portugiesen, Rumänen, Japaner, und besonders die zahlreichen polnischen Namenszüge sprechen deutlich von dem polnischen Grundstock oder Untergrund des Berliner Katholizismus. Aber auch die Namen der vielen Künstler und Musiker zeugen von der Heiterkeit und Kunstfreudigkeit des Katholizismus.«

Das Schicksal der Hedwigs-Kathedrale und vor allem des Gottesackers in der Liesenstraße erinnern in besonderem Maße an die unseligsten Kapitel der jüngsten Vergangenheit – zum einen an die nationalsozialistische Gewaltherrschaft und den Zweiten Weltkrieg, zum anderen an den kommunistischen Mauerbau vom 13. August 1961 und dessen schwerwiegende Folgen. Die seit 1983 unter den komplizierten Bedingungen des Grenzregimes der damaligen DDR entstandenen Fotoaufnahmen des Friedhofes in der Liesenstraße vermögen davon nur eine sehr vage Vorstellung zu geben.

Bei den Vorarbeiten für diese Veröffentlichung wurde der Autor besonders

von Herrn Johann Weber, zuständig für die vier katholischen Friedhöfe im östlichen Teil Berlins, sowie Herrn Eginhard Schmidt vom Domfriedhof Sankt-Hedwig in Reinickendorf, unterstützt.
Die Pläne – für diese Veröffentlichung von Bernd Fischer nach Unterlagen der Friedhofsverwaltungen gezeichnet – sollen nicht nur der besseren Orientierung dienen, sondern im Falle des Alten Domfriedhofes in der Liesenstraße auch die Auswirkungen des Mauerbaus andeuten; eine genauere Lokalisierung zerstörter Grabstätten war bislang noch nicht möglich.
Daß meine zahlreichen Bemühungen um eine Veröffentlichung dieser Zeilen bis zum Zusammenbruch der DDR erfolglos blieben, soll nicht unerwähnt bleiben – ebenso, daß sich der Verlag Dirk Nishen sofort interessierte für die Produktion dieses Titels.
Das Geleitwort von Herrn Dompropst Otto Riedel, für das ich besonders dankbar bin, verdeutlicht das Interesse des Domkapitels von St.-Hedwig an diesem kleinen Friedhofs-Wegweiser.
Mit diesem Büchlein werden erstmals die Begräbnisstätten der ältesten katholischen Gemeinde Berlins gemeinsam vorgestellt. Da Fehler und Lücken dabei nicht auszuschließen sind, bin ich für korrigierende und ergänzende Hinweise dankbar.

Berlin-Adlershof, im Januar 1991 — Wolfgang Gottschalk

Der erste katholische Friedhof Berlins nach der Reformation wurde im Jahre 1777 eröffnet – jedoch schon drei Jahrzehnte zuvor fand in der St.-Hedwigs-Kirche die erste Beisetzung statt, die damit der älteste Bestattungsort der Gemeinde ist. Bis dahin mußte ein in Berlin verstorbener Katholik auf einem der protestantischen Gottesäcker beerdigt werden.

Dieses relativ späte Datum hat seine Ursachen in der kirchengeschichtlichen Entwicklung Preußens: Nach Einführung der Reformation in der Mark Brandenburg im Jahre 1539 war den noch in Berlin verbliebenen Katholiken eine weitere Ausübung ihrer Religion nicht gestattet. Erst ab 1680 durften die Gläubigen die Gottesdienste in den katholischen Hauskapellen der Gesandtschaften, vor allem der Frankreichs, besuchen. König Friedrich Wilhelm I. gestattete zwar nicht, daß in Preußen ein Katholik Beamter wurde – er ließ aber 1720 die erste katholische Andachtsstätte in Berlin errichten. Diese kleine Kapelle auf dem Hofe des Hauses Krausenstraße 47 war in erster Linie für die vom König angeworbenen katholischen Soldaten bestimmt. Friedrich II. genehmigte schließlich der Berliner Gemeinde den Bau einer eigenen repräsentativen Kirche in bevorzugter Lage am Forum Fridericianum. Für dieses Gotteshaus fand 1747 die Grundsteinlegung statt – die Vollendung verzögerte sich vor allem aus finanziellen Gründen bis zum Jahre 1773.

Die Gruft von St.-Hedwig sollte möglichst vielen Verstorbenen als letzte Ruhestätte dienen. So erstreckte sich unter dem gesamten Sakralbau, der nach Plänen Georg Wenzeslaus von Knobelsdorffs und Johann Boumanns d.Ä. entstand, die Krypta, die in insgesamt 36 Grabkammern radial aufgeteilt war. Unter der rückwärtigen kleinen Kuppel lag die sogenannte kleine Gruft mit sechs schmalen Grabkammern. Die große Gruft unter der Hauptkuppel besaß einen Innenring mit acht Grabkammern, als Familien- und Bischofsgrüfte die vornehmsten der Kirche. Im Außenring der großen Gruft waren 22 Grabkammern unterschiedlicher Größe angelegt worden. Die Grabkammern waren so geräumig, daß in jeder von ihnen mehrere Särge Platz finden konnten. Der in der Mitte der Innengruft entstandene freie

Raum wurde zur Aufbahrung der Särge genutzt.
Aus den Totenregistern von St.-Hedwig geht hervor, daß hier bereits im September 1747, also wenige Monate nach Beginn der Bauarbeiten, die erste Beisetzung stattfand. Nach dem Karmelitermönch und Priester Eugenius Mecenati, der erste Anregungen zum Bau einer großen katholischen Kirche in Berlin gegeben hatte, fand als zweiter der preußische Generalleutnant und Diplomat Friedrich Rudolf Graf von Rothenburg (1710-1751) in der Hedwigsgruft seine letzte Ruhestatt. Bei der relativ raschen Belegung der Grabkammern von St.-Hedwig spielten zweifellos ökonomische Erwägungen keine unerhebliche Rolle – für die Fertigstellung ihres imposanten Gotteshauses mußte die damals kleine Gemeinde erhebliche Geldmittel aufbringen.
In den zwei Jahrhunderten seit der Grundsteinlegung fanden in der Krypta von St.-Hedwig rund 300 Beisetzungen statt, unter ihnen eine Reihe bedeutender Persönlichkeiten. Fürstbischof Graf Ignacy Krasicki von Ermland (1735-1801), der am 1. November 1773 die Hedwigskirche geweiht hatte, wurde hier auch zunächst beigesetzt – da er aber nicht nur Priester, sondern auch ein bedeutender polnischer Dichter war, wurden seine Gebeine 1829 in den Dom zu Gnesen überführt. Der Sarg des preußischen Rechtsgelehrten Friedrich Carl von Savigny (1779-1861) gelangte bereits 1875 aus der Hedwigskirche in die Gruft des Familiengutes Trages bei Hanau. Zu den bekanntesten Toten in den Gruftkammern gehörten die als Geliebte König Friedrich Wilhelms II. bekanntgewordene Gräfin Wilhelmine Lichtenau, geb. Encke (1753-1820), und der protestantische Baumeister Ernst Eberhard von Ihne (1848-1917) – seine Hauptwerke in Berlin sind der Marstall, das Bodemuseum und die Alte Staatsbibliothek. Einer der bemerkenswertesten hier beigesetzten katholischen Geistlichen war der Karmeliterpater Hermann Cohen (1820-1871), jüdischer Herkunft, Schüler von Franz Liszt, Klaviervirtuose und Komponist, 1849 in den Orden der Karmeliter eingetreten, der während des deutsch-französischen Krieges von 1870/71 als Seelsorger für die französischen Gefangenen zu Spandau wirkte und dort als Opfer einer Pockeninfektion verstarb. Unter den reich ausgeschmückten Familiengrüften galten die des Bankiers Heinrich Walter Schwabach (1869-1901), des preußischen Staatsmannes und Siemens-Generaldirektors Tonio Bödicker (1843-1907), des Architekten Ihne sowie der Familie Savigny als die sehenswertesten. Für einige der in den Grüften Beigesetzten waren in der Kirche zusätzlich Ge-

S. HEDWIGI
SUO ÆRE
PERFECIT

dächtnistafeln angebracht worden – so unter anderem Marmorepitaphien für die Comtesse d'Harscamp (gest. 1782), von Pierre Antoine Tassaert geschaffen, und für den polnischen Grafen Sigismund von Wielopolsky (1833-1902) sowie Eisenkunstgußtafeln für die beiden ersten Bischöfe von Berlin.

Als St.-Hedwig im Jahre 1929 zur Kathedrale des Bistums Berlin erhoben wurde, befanden sich in den Grabkammern etwa 100 Särge. Umfangreiche Restaurierungs- und Umbauarbeiten nach Plänen des Architekten Clemens Holzmeister in den Jahren 1930 bis 1932 hatten das Ziel, die alte Kirche in einen würdigen Bischofssitz zu verwandeln. In diesem Zusammenhang erfolgte auch eine Überprüfung der Gruftgewölbe. Dazu Ludwig Sternaux in einem Zeitungsbericht des »Berliner Lokal-Anzeigers« aus dem Jahre 1931: »Teils, um Raum zu schaffen für anderweitige Verwendung; teils machte der Zustand der Grabkammern und der alten, mittlerweile halb zerfallenen Särge es notwendig, hier Ordnung zu schaffen. Der Würde der neuen Kathedrale entsprachen die finster-modrigen Katakomben nicht, auch die Gruftkrypta mit ihren Kapellen sollte eine Stätte der Weihe werden.

So beschloß man, eine Anzahl der Toten, von deren Särgen zudem fast fünfzig nicht einmal mehr Namen oder Nummern trugen, umzubetten. Es blieben zurück alle die, deren Namen irgendwie mit der Geschichte der Kirche verknüpft sind oder von denen noch Angehörige leben, im ganzen fünfundzwanzig Särge. Und alle übrigen wurden eines Nachts in aller Stille Sarg für Sarg – wahrhaftig ein düsteres Werk! – aus der Gruft auf den Domherrenhof getragen und, fünfundachtzig an der Zahl, auf Lastautos nach Reinickendorf geschafft, auf den dortigen Friedhof der Gemeinde.«

Die Totenregister des Reinickendorfer Hedwigsfriedhofes bestätigen die Beisetzung der Särge aus der Hedwigs-Gruft im Mai 1931. Bei den Umbaumaßnahmen 1930/31 wurde unter dem Fußboden der Gruft auch eine Reihe von Gebeinen zutage gefördert – möglicherweise erfolgten zur Zeit der Befreiungskriege oder bei Epidemien hier auch Erdbestattungen.

Zwei Grabkammern des sogenannten Innenrings waren den verstorbenen Berliner Bischöfen vorbehalten. Hier wurden die Bischöfe Christian Schreiber (1872-1933) und Nicolaus Bares (1871-1935) sowie Weihbischof Joseph Deitmer (1865-1926) und Dompropst Paul Steinmann (1871-1937) beigesetzt. Die Holzsärge in den beiden Bischofsgrüften wurden noch vor Beginn des Zweiten Weltkrieges erdbestattet; über den Gräbern ließ man mit Mar-

morplatten verkleidete Sarkophage errichten.
Im September 1941 befanden sich in der Unterkirche von St.-Hedwig, die als öffentlicher Luftschutzraum benutzt werden mußte, nur noch 20 Sarkophage – so Willi Wohlberedt laut einer Auskunft der Küsterei (Grabstätten bekannter und berühmter Persönlichkeiten, Teil IV, Berlin 1952). Nachdem die Kathedrale in der Nacht vom 1. zum 2. März 1943 Opfer eines Bombenangriffes wurde, mußten in den folgenden Wochen die verwüsteten Grüfte teilweise ganz ausgeräumt und eine Reihe von Umbettungen in neue Särge vorgenommen werden. Ein besonderes Schicksal erfuhren dabei die sterblichen Überreste der Gräfin Lichtenau: 1932 aus der Hedwigskathedrale in einen Nebenraum der Reinickendorfer Friedhofskapelle gebracht, wurden sie ein Jahr später aber wieder, nach dem Einspruch von Nachfahren, in die Gewölbe von St.-Hedwig überführt und geweiht; nachdem die Gruft 1943 völlig ausgebrannt war, versenkte man die spärlichen Knochenreste der Toten in einem Kindersarg auf dem Friedhof in der Liesenstraße; nach dem Mauerbau vom 13. August 1961 lag diese Grabstelle im sogenannten Todesstreifen und wurde, wie viele andere, völlig eingeebnet, der Denkstein verschwand spurlos.
Am 10. April 1943 erfolgte die Überführung von acht Särgen, die laut polizeilicher Anordnung nicht mehr in der Gruft verbleiben konnten, auf den Friedhof in der Liesenstraße; der des Paters Cohen wurde in der Reihe der Priestergräber beigesetzt, die der Gräfin Lichtenau, der Baronin Julia von Savigny, geb. Gräfin zu Stolberg-Stolberg (1829-1905), des Barons Leo von Savigny (1820-1886) und des Grafen Wielopolsky in der Grababteilung IV. In der Gruft von St.-Hedwig verblieben u.a. die eingemauerten Bischofsgräber Schreiber, Bares, Deitmer und Steinmann sowie der Zinksarkophag Ihnes.
Nach dem Zweiten Weltkrieg wurde die Innengruft, in der man sämtliche erhaltengebliebenen Sarkophage zusammenstellte, zunächst zugeschüttet, um sie vor Plünderungen zu schützen. Im Frühsommer 1948 wurde dieser Gruftbereich, und mit ihm die Bischofsgräber, wieder freigelegt; die anderen sieben Särge – darunter auch der Ihnes – überführte man nun in den Außengruftring, bevor sie 1956 im Zusammenhang mit dem Wiederaufbau der Kathedrale auf dem Hedwigsfriedhof Liesenstraße der Erde übergeben wurden.
Beim Wiederaufbau der St.-Hedwigs-Kathedrale von 1952 bis 1963 nach Entwürfen des Architekten Hans Schwippert wurde die Krypta zu einer Unterkirche umge-

staltet. Um deren Altarraum gruppieren sich acht in den Jahren 1976 bis 1979 neugestaltete Kapellen, die als Tauf-, Bet- und Gedächtnisstätten dienen. Hier ist auch die letzte Ruhestätte der Berliner Bischöfe Christian Schreiber, Nicolaus Bares, Konrad Kardinal Graf von Preysing (1880-1950), Wilhelm Weskamm (1891-1956) und Alfred Kardinal Bengsch (1921-1979), von Weihbischof Joseph Deitmer und Dompropst Bernhard Lichtenberg (1875-1943). Preysing und Weskamm waren zunächst auf dem Friedhof in der Liesenstraße beigesetzt worden, ebenso Bernhard Lichtenberg, der als unerschrockener Gegner des Nationalsozialismus auf dem Transport in das KZ Dachau an den Folgen zweijähriger Gefängnishaft starb. Die beiden Bischöfe fanden 1968 in der Unterkirche von St.-Hedwig ihre endgültige Ruhestätte, Dompropst Lichtenberg bereits 1965. Während zwei der Begräbniskapellen den verstorbenen Berliner Bischöfen vorbehalten sind, befindet sich der Sarkophag von Bernhard Lichtenberg in einer eigenen Kapelle. Die Gedenktafeln für die Toten hat der Bildhauer Hans Wachter aus Kempten/Allgäu geschaffen. Außerdem erinnern Schrifttafeln an Katholiken des Bistums Berlin, die in der Zeit des NS-Regimes aktiven Widerstand geleistet haben und dafür ihr Leben lassen mußten. Das Gedenkepitaph für Julius Kardinal Döpfner (1913-1976) wurde von Hubert Elsässer geschaffen.

Die St.-Hedwigs-Kathedrale ist das einzige Gotteshaus in Berlin, das bis zum heutigen Tage als Begräbnisstätte dient – in St.-Nikolai fanden Ende des 18. Jahrhunderts die letzten Beisetzungen statt, in St.-Marien Anfang des 19. Jahrhunderts. Unter der Kuppel von St.-Michael, der zweiten katholischen Kirche Berlins, fand als einziger deren Erbauer, der Architekt August Soller, 1853 seine Ruhestatt.

Der erste eigene Friedhof der St.-Hedwigs-Gemeinde war am 29. September 1777 auf dem Grundstück Chausseestraße 128/129, in unmittelbarer Nachbarschaft zu den – damals – neuen Begräbnisplätzen der Französisch-reformierten sowie der Dorotheenstädtischen und Friedrichswerderschen Gemeinden, eingesegnet worden.

Im Jahre 1766 hatte Philipp Gottard Graf von Schaffgotsch als Fürstbischof von Breslau König Friedrich II. zu einer Erneuerung des Edikts von 1746 bewegen können, das der katholischen Gemeinde Berlins die Bauerlaubnis für ein Gotteshaus erteilt hatte und freie Religionsausübung zusicherte. In der Verfügung Friedrichs II. vom 10. Juni 1766 wird »ermeldeter kath. Gemeinde die Beerdigung derer Cath. Leichen nach dem Gebrauche ihrer Kirche ausdrücklich verstattet«. Trotzdem verging bis zur Eröffnung des eigenen Gottesackers vor dem Oranienburger Tor noch mehr als ein Jahrzehnt.

Das Friedhofsareal grenzte im Norden unmittelbar an das der Französischen Gemeinde, im Süden an das 1887 abgeräumte und bebaute der Friedrichswerderschen Gemeinde und reichte im Westen bis in die heutige Hannoversche Straße.

Das 1834 erschienene »Neuste Conversations-Handbuch für Berlin und Potsdam« des Freiherrn von Zedlitz gibt von dem relativ kleinen Begräbnisplatz folgende Beschreibung:

»Unter den drei Kirchhöfen vor dem Oranienburger Thore ist der der katholischen Gemeinde der zweite, aus seiner Mitte erhebt sich auf einem hohen Piedestal von grauem Sandstein ein vergoldetes Kreuz mit dem Erlöser, dem heiligen Orte gewidmet, von einer Frau Uhlenbruch (gestiftet – d.V.). Auf der Westseite findet man einige der Betrachtung werthe Denkmäler und Erinnerungskreuze, als das Weissenaus' und Schadowsche, das des Geh.Ob.-Reg.-Rath Fischenich, das des Ludwigsritters de Vismes, das der als liebenswürdig bekannt gewesenen Frau von Holtei geb. Rogee u.s.w.«

An den vielseitigen Pianisten, Komponisten, Dirigenten und Operndirektor Bernhard Anselm Weber (1764-1821) erinnerte ein eisernes Grabkreuz: »Auf dem Eisendenkmal war jedes einzelne Wort der In-

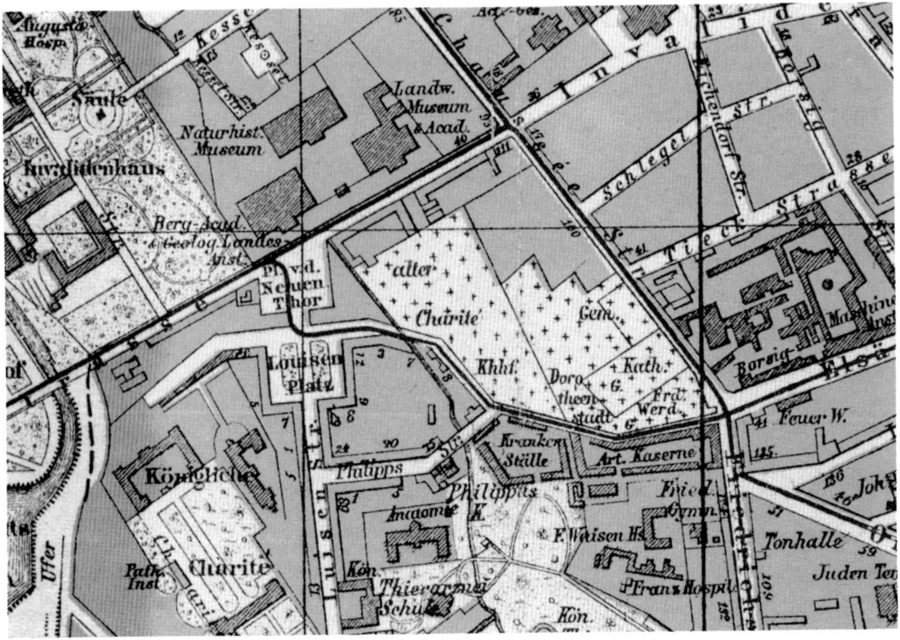

Stadtplan-Ausschnitt von 1878 mit dem Friedhofsquartier an der Chausseestraße

schrift von schönen Ornamenten umrahmt, die gleichfalls aus Eisen hergestellt waren. Und zu diesen eisenumrahmten Worten gehörte auch die Ehrenbezeichnung ›Ritter des Eisernen Kreuzes‹.« (Paul Kunzendorf, Eiserne Grabmäler auf Berliner Friedhöfen, Berlin 1916).

Nachdem der alte Hedwigsfriedhof bereits 1853 durch Polizeianordnung wegen völliger Belegung geschlossen worden war, fanden auf ihm dann doch noch bis 1878 Beerdigungen statt. Über das weitere Schicksal dieses Gottesackers berichten die Pfarrer Allendorf und Schneider in ihrer Schrift über den Hedwigsfriedhof in der Liesenstraße aus dem Jahre 1934 folgendes: «Versuche, die in der Folgezeit gemacht wurden, die Begräbniserlaubnis für Einzelfälle zu erhalten, wurden vom Berliner Polizeipräsidenten abgelehnt. Mit der Zeit bot der alte Friedhof mit seinen verfallenen Gräbern einen trostlosen Anblick. Einige Jahre hindurch war das Grundstück verpachtet und diente als Lagerplatz. Dieser unwürdige Zustand endete 1902 durch Bebauung des Grundstückes. Die noch erhaltenen Denkmäler kamen nach dem Friedhof in der Liesenstraße; auch auf dem St.-Hedwigs-Friedhof in Reinickendorf hat am Eingang ein alter Grabstein aus dem Jahre 1805 Aufstellung gefunden. Die vorhandenen Gebeine wurden exhumiert und erhielten auf dem Friedhof eine neue Ruhestätte. Der größte Teil wurde in einem gemeinsamen Grab beigesetzt auf dem Reinickendorfer St.-Hedwigs-Friedhof.«

Das erwähnte Denkmal von 1805 hat eine eigene, besondere Geschichte, die Willi Wohlberedt folgendermaßen wiedergibt: »Ein eigenartiges Schicksal verbannte den Grabstein einer Frau Antoinette Weiss, gestorben 1805, in einen Bücherladen. Das kam so: Die Nachkommen dieser Frau wollten auf Grund ihrer Rechte die Entfernung der Grabstätte und des Gedenksteines nicht zulassen. Alle Verhandlungen waren vergeblich und die Bauvorhaben gehemmt. Da fand man einen Ausweg. Man baute das Grabmal, ohne es zu berühren, einfach in den Neubau ein. Erst nach Ablauf der langen Liegefrist (1910) konnte das Grabmal herausgeschafft und nach dem Hedwigsfriedhof in Reinickendorf gebracht werden, wo es als Kuriosum eine Neuaufstellung erlebte.« (Grabstätten bekannter und berühmter Persönlichkeiten, Teil IV, Berlin 1952)

Zum Hedwigsfriedhof in der Liesenstraße überführt worden waren u. a. die eisernen Grabkreuze für Bernhard Anselm Weber und die dritte und jüngste Tochter Moses Mendelssohns, die in jungen Jahren zum Katholizismus übergetretene Marie Henriette (ursprünglich Jente) Mendelssohn (1775-1831). Beide Denkmäler existieren heute nicht mehr.

An den alten katholischen Friedhof an der Chausseestraße 128/129 erinnert heute nichts mehr – sein gesamtes Areal ist seit Anfang des 20. Jahrhunderts mit Mietshäusern bebaut.

Der heute älteste und zugleich bedeutendste katholische Friedhof in Berlin wurde im Jahre 1834 eingeweiht; die erste Beerdigung erfolgte am 18. Januar 1835, wie dem ältesten erhaltenen Totenbuch zu entnehmen ist. Bis 1899 fanden hier 23 588 Gemeindemitglieder ihre letzte Ruhestätte, darunter auch 429 bzw. 1111 Opfer der Choleraepidemien von 1849 und 1866. Nach Eröffnung der neuen Hedwigsfriedhöfe 1876 in Weißensee, 1878 in Reinikkendorf und 1890 in Hohenschönhausen ging die Zahl der Bestattungen in der Liesenstraße allerdings erheblich zurück: waren es 1871 noch 1179, so 1878 nur noch 83.

Bereits 1777 versuchte der Vorstand der St.-Hedwigs-Kirche, ein Areal vor dem Oranienburger Tor zu erwerben, um einen neuen Gottesacker für die römisch-katholische Gemeinde von Berlin anzulegen. Aber erst ein halbes Jahrhundert später wurde an den Oberpräsidenten der Provinz Brandenburg, Magnus Friedrich von Bassewitz, ein Gesuch gerichtet, weil der bisherige erste katholische Friedhof am Oranienburger Tor in der Chausseestraße infolge des Anwachsens der Gemeinde nicht mehr ausreichte. Wegen finanzieller Schwierigkeiten konnte der Kaufvertrag des Kirchenkollegiums mit dem Gastwirt Karl Adolph Friedrich Liesen über ein 4 Morgen großes Grundstück zum Gesamtpreis von 1000 Talern erst im September 1831 vor dem Stadtgericht abgeschlossen werden.

Ende 1833 waren dann Totengräberhaus, Schuppen und Zaun fertiggestellt. Die Einweihung des neuen Friedhofes erfolgte schließlich am 21. November 1834 durch den damaligen Delegaten von St.-Hedwig, Propst Fischer. Er war damit der erste der später insgesamt vier Begräbnisplätze an der Liesenstraße – neben dem von St.-Hedwig die für die Französisch-reformierte, für die Dorotheenstädtische und für die Dom-Gemeinde.

Anfang des Jahres 1835 wurde auf dem Hedwigsfriedhof ein fast 2 m hohes Kruzifix des katholischen Bildhauers Wilhelm Achtermann errichtet, vor dem bei Beerdigungen der Sarg niedergestellt wurde, da zunächst keine Kapelle vorhanden war. Weder das große Kreuz noch der Christuskorpus, beide aus Sandstein, sind erhal-

Erbbegräbnis der Steinmetzfamilie Schilling (um 1909)

ten geblieben. Von dem 1834 geschaffenen Kruzifix entstanden zahlreiche Repliken, unterschiedlich in Material und Größe – auch das 1841/42 von Achtermann in Rom gefertigte und 1850 von Friedrich Wilhelm IV. für das Mausoleum im Charlottenburger Schloßpark erworbene Marmorexemplar geht auf die Erstfassung in Sandstein zurück, die leider nicht erhalten ist.
Bereits 1842 kaufte das Kirchenkollegium zur notwendig gewordenen Erweiterung seines Begräbnisplatzes von dem Gastwirt Liesen zwei weitere Flächen von zusammen mehr als 3 Morgen. Damit hatte der Friedhof an der Liesenstraße 8, der im Osten unmittelbar an die 1843 eröffnete Strecke der Stettiner Bahn und im Südwesten an die Gottesäcker der Französischen und der Dom-Gemeinde grenzt, eine Gesamtgröße von 2,05 ha.
In den Jahren 1866/67 wurde auf der Nordhälfte des dreieckigen Territoriums mit 26 500 Mark aus dem Leichenhaus-Baufonds des Berliner Magistrats eine Friedhofskapelle errichtet, die man dann als St.-Annen-Kapelle weihte. Der bislang nicht zu

Grabanlage für Lorenz Adlon (um 1921)

ermittelnde Architekt hat sich offensichtlich an der von August Soller in italienischen Renaissanceformen entworfenen, 1856 vollendeten katholischen St.-Michaels-Kirche orientiert, im Grundriß ist aber auch eine Verwandtschaft zur Hedwigskirche unverkennbar. Der runde Backsteinbau mit Vorhalle und Kuppeldach war nach Beschädigung im Zweiten Weltkrieg nur notdürftig wiederhergestellt worden und konnte wegen Baufälligkeit in den letzten Jahrzehnten gar nicht mehr benutzt werden – Trauerfeiern fanden und finden derzeit noch in der kleinen Trauerhalle des benachbarten Französischen Gemeindefriedhofes statt. Da der Hedwigsfriedhof an der Liesenstraße seit 1985 wieder Begräbnisstätte des katholischen Domkapitels von Berlin ist, wurde 1987 eine originalgetreue Wiederherstellung des bemerkenswerten Baues der Schinkel-Nachfolge mit seinem Schmuck aus Terrakottaformsteinen und kupfergedeckter Kuppel begonnen, die 1991 abgeschlossen sein soll.

Der Entschluß zur Restaurierung der Kapelle steht im direkten Zusammenhang mit

XIV
AUGUST
LICHTENBERG
* 27·4·1842
+ 16·12·1931
R.I.P

der jüngsten Geschichte des Hedwigsfriedhofes. Nach dem Mauerbau vom 13. August 1961 mußte die Friedhofsgrenze an der Liesenstraße, die nun nicht mehr nur die Grenze zwischen den Bezirken Mitte und Wedding bezeichnete, sondern zur nur unter Todesgefahr zu überwindenden DDR-Staatsgrenze wurde, um rund 40 m zurückversetzt werden. Ohne Rücksicht ließ das SED-Regime nicht nur die Einfriedung und das Verwaltungsgebäude abreißen, sondern auch sämtliche Grabstellen in diesem Todesstreifen einebnen, darunter zahlreiche alte, teilweise künstlerisch bemerkenswerte Erbbegräbnisse. Außerdem verlor der Friedhof seinen Eingang an der Liesenstraße und war fortan nur über einen Hinterhof von der Wöhlertstraße aus erreichbar, aber auch das nur für wenige Stunden in der Woche und nur für Angehörige von auf St.-Hedwig Bestatteten. 1967 folgte der Bau einer zweiten Mauer zur Liesenstraße. Weitere Abräumungen von Grabstellen waren 1984/85 die Bedingung dafür, daß der Begräbnisplatz ab April 1986 wieder allgemein zugänglich wurde. Nach der Maueröffnung vom 9. November 1989 hofft die St.-Hedwigs-Gemeinde, ihr geschändetes Friedhofsgelände wieder zurückzuerhalten – über die zukünftige Gestaltung ist noch nicht endgültig entschieden. Eine Rekonstruktion des ursprünglichen Gesamtbildes dürfte unmöglich sein, da nur relativ wenige Denkmäler aus dem Grenzstreifen umgesetzt werden konnten, der größte Teil dagegen unmittelbar nach dem 13. August 1961 sowie in den folgenden Jahren vernichtet wurde.

So kamen an die südwestliche Friedhofsmauer die Gedenksteine für den Mathematiker Karl Weierstraß (1815-1897) und den Bildhauer Ceccardo Gilli (1798-1862) mit einem Marmor-Porträtmedaillon, das von seinem Sohn Alexander Gilli geschaffen wurde.

Für den Maler Carl Begas d.Ä. (1794-1854) wurde ein neuer Stein gesetzt, da das ursprüngliche Granitmonument mit Marmorbildnis von Reinhold Begas zerstört wurde. In dieser Reihe findet man jetzt auch das Marmorkreuz für Daniel Liszt (1839-1859), Sohn Franz Liszts und der Gräfin Marie d'Agoult, sowie die stark vereinfacht neu errichtete Grabstätte des Malers Peter von Cornelius (1783-1867) mit Marmortafeln in einer Klinkerwand, die durch Zwischenpfeiler mit Akanthuskapitellen aus

links außen Grabstele für August und Emilie Lichtenberg (um 1931), *links* Porzellan-Kindergrabmalfigur vom Anfang des 20. Jahrhunderts

Terrakotta gegliedert ist. Zu den Hauptwerken von Cornelius gehören die Entwürfe für einen großen Wandgemäldezyklus, der die Fürstengruft des Mitte des 19. Jahrhunderts geplanten Domneubaus schmükken sollte, heute in der Alten Nationalgalerie befindlich.

Eine große Zahl von Grabmälern ist nicht mehr vorhanden – so die für den Theatermaler Julius Qualigo (1833-1899), die Berliner Tänzerfamilie Hoguet, den Kunstsammler Athanasius Graf von Raczynski (1788-1874), den Generaldirektor der Berliner Museen Ignaz M. W. von Olfers (1793-1872) oder den Bildhauer Johannes Janda (1827-1875).

Auch die Denksteine für die Gräfin Wilhelmine von Lichtenau (1753-1820) und den wilhelminischen Baumeister Ernst Eberhard von Ihne (1848-1917) – 1943 bzw. 1956 aus der Gruft der kriegszerstörten Hedwigskathedrale auf den Friedhof in der Liesenstraße überführt – standen im sogenannten Todesstreifen und existieren vermutlich nicht mehr. Verschiedene Denkmäler trugen Porträtreliefs – so die für den Schauspieler Carl Seydelmann (1793-1843), den Historienmaler Carl Breitbach (1833-1904) von Fritz Schaper –, den Historiker Paul Scheffer-Boichorst (1843-1902) von Fritz Klimsch –, den bedeutenden preußischen Politiker der Fortschrittspartei und Bismarck-Gegner Fürst Franz Leo Benedikt Waldeck (1802-1870). Auf dem Grab von Franz von Forckenbeck (1796-1840), Oberlandesgerichts-Vizepräsident und Vater des Berliner Oberbürgermeisters Max von Forckenbeck, befand sich ein schlichtes Eisenkreuz, an der Ruhestätte der Sängerin Mathilde Mallinger (1847-1920) trauerte ein Genius vor geborstener Säule. Auf dem Grab von Joseph Carl Engel (1821-1888), Direktor des Krollschen Etablissements, stand eine spätklassizistische Marmorstele mit antikisierendem Vasenaufsatz. An den bedeutenden Physiologen und medizinischen Forscher Johannes Müller (1801-1858) erinnerte eine schmucklose Steinplatte.

Das aufwendige Wanderbbegräbnis für die Familie Johann Baptist Dotti war 1881 im Auftrag der »Aktiengesellschaft Nord« errichtet worden. Den reichen plastischen Schmuck – vor allem das neobarocke Marmorrelief mit umkränztem Porträtmedaillon des Fabrikanten von Militäreffekten und Armeelieferanten Dotti – hatte der Bildhauer Ernst Herter geschaffen. Diese Anlage an der östlichen Friedhofsmauer zur Stettiner Bahn mußte erst in den 70er Jahren dem Grenzregime weichen – früher verschwanden wohl schon das von Johannes Boese 1899 modellierte Bronzerelief für den Schauspieler Ernst Formes (1841-

1898) und das ungewöhnliche, lyraförmige Jugendstil-Granitmal mit Doppelporträtmedaillon für das Musiker-Ehepaar Josef Sucher (1843-1908) und Rosa Sucher (1849-1927), das als Dirigent bzw. Sopranistin viele Jahre an der Berliner Oper wirkte, ebenso das Denkmal in abgewandelter Kreuzesform für den Kirchenbaumeister August Rincklage (1843-1914).

Eines der künstlerisch bedeutendsten Monumente des Hedwigsfriedhofes befindet sich jedoch schon seit 1925 im Märkischen Museum: das 1816 von Johann Gottfried Schadow für seine erste Gattin, Marianne Schadow (1758-1815), geschaffene Denkmal. Dieses Marmormal mit einer Urne auf kanellierter Säule wurde 1901 von seinem ursprünglichen Standort auf dem alten Gemeindefriedhof an der Chausseestraße zur Liesenstraße umgesetzt, bereits 1891 das leider vernichtete Grabmal für die Schauspielerin Margaretha Louisa Schick (1773-1809), eine Arbeit Schadows aus Sandstein und Marmor.

Die gewaltsamen Abräumungen auf fast einem Drittel der Fläche bezeichnen den schmerzvollsten Abschnitt in der Geschichte des Alten Domfriedhofes. Der Abriß der Einfriedungsmauern zur Liesenstraße und zum östlich anschließenden Bahngelände hatte nicht nur den Verlust bedeutender Wanderbbegräbnisse zur Folge, sondern eine völlige Veränderung des ursprünglichen Erscheinungsbildes des Hauptbegräbnisortes der Berliner Katholiken. Dessen ungeachtet findet man auf den verbliebenen 1,37 ha des Hedwigsfriedhofes immer noch eine sehr große Zahl von Grabstätten bemerkenswerter Persönlichkeiten und zahlreiche Zeugnisse der Berliner Grabmalskunst vom Klassizismus bis zur Mitte unseres Jahrhunderts.

Das künstlerisch anspruchsvollste Denkmal mußte 1985 aus dem erweiterten Grenzbereich in die Nähe der Kapelle umgesetzt werden: das mächtige Holzkreuz mit überlebensgroßem expressionistischen Bronzekruzifix, 1935 von Hans Perathoner geschaffen, für den Theologen Carl Sonnenschein (1876-1929), der sich als Begründer der katholisch-sozialen Studentenbewegung große Verdienste und den Beinamen »Großstadtapostel« erwarb.

Stilistisch verwandt, wenn auch nicht von gleicher künstlerischer Qualität, sind u.a. die Grabmäler für den Pfarrer Willibald Velten (1894-1937), unter dem 1932 bis 1934 die St.-Adalbert-Kirche errichtet wurde, für den von den Nationalsozialisten ermordeten Priester und Dichter Ernst Thrasoldt (1876-1945) – eine 1955 geschaffene und 1990 restaurierte Pietà-Darstellung des Berliner Holzbildhauers Rudolf Heltzel – und für den Pfarrer von St.

von links nach rechts Grabmäler für Ceccardo Gilli, Josef Limburg und Carl Begas
Seite 31 Grabstätte des Malers Peter von Cornelius sowie der Familien Schmidt und Brüggemann (um 1870)

Adalbert Ernst Brzoza (1898-1950).
Östlich der Kapelle liegt die Ruhestätte der Barmherzigen Schwestern vom Heiligen Karl Borromäus, westlich die Grabanlage der Schwestern des St.-Hedwigs-Krankenhauses, jeweils mit einfachen Marmorschrifttafeln, während man an den efeu-

überwachsenen Hügeln der Schwestern von der Heiligen Elisabeth keine Namen findet.

Nachdem die Hedwigskathedrale 1943 ausgebrannt war, wurden die Berliner Bischöfe Konrad Kardinal Graf von Preysing (1880-1950) und Wilhelm Weskamm (1891-1956) zunächst in der Gruft des Domkapitels in der Liesenstraße beigesetzt; sie fanden 1968 in der neugeschaffenen Unterkirche von St.-Hedwig eine würdige letzte Ruhestätte. Die sterblichen Überreste von Dompropst Bernhard Lichtenberg (1875-1943) waren dorthin bereits 1965 überführt worden. Damit wurde eine Persönlichkeit geehrt, die ihr unerschrockenes öffentliches Eintreten für Juden und KZ-Häftlinge mit dem eigenen Leben bezahlen mußte. Der Grabstein der Eltern von Bernhard Lichtenberg wurde 1986 vom

unten links Erbbegräbnis der Familie Girke (um 1897), *unten rechts* Grabstätte der Familie Bauer (um 1894)

ehemaligen Friedhof der Charlottenburger Herz-Jesu-Gemeinde in Staaken nach der Liesenstraße umgesetzt; das schlichte Werksteinmal von 1931 zeigt ein Terrakottarelief mit Kreuztragungsdarstellung des Berliner Bildhauers Josef Dorls, der u.a. Bauplastiken für die katholische Marienkirche in Berlin-Karlshorst geschaffen hat. Vor dem Achtermannschen Friedhofskreuz liegt die Grabstätte von Joseph Jahnel (1834-1897), Fürstbischöflicher Delegat, Propst, Prälat und Ehrendomherr zu Breslau, der nach der Beilegung des Kulturkampfes zwischen dem preußischen Staat und der katholischen Kirche 1887 das Gemeindeleben in Berlin prägte. Der Karmeliterpater Hermann Cohen (1820-1871) wurde 1943 aus der zerstörten Gruft der Hedwigskathedrale in die Reihe der Priestergräber in der Liesenstraße umgebettet. Eine Reihe weiterer Grabstätten verdient auf dem im Laufe von anderthalb Jahrhunderten außerordentlich dicht belegten Alten Domfriedhof wegen ihrer historischen oder künstlerischen Bedeutung Interesse. Die Sopranistin Anna Milder-Hauptmann (1785-1838), an die ein von der Stadt Berlin gesetzter Gedenkstein erinnert, sang 1805 die Leonore in der Uraufführung von Beethovens »Fidelio«. Den Marmorengel am Grabe der Sängerin Eleonore de Ahna (1839-1865) hat Julius Franz 1867 geschaffen, während das Marmormedaillonbildnis am schwarzen Granitmonument für den Justizrat Theodor Jansen (1829-1885) ein Werk von Rudolf Schweinitz aus dem Jahre 1887 ist. Ein Marmorengel mit Fanfare – als Symbol des Jüngsten Gerichts – von Heinrich Pohlmann sitzt am Grabe der Familie Girke von 1897. Das hochaufragende Werksteingrabmal der Familie Rilz von 1888 im Neorenaissancestil fällt besonders durch eine zeltdachartige, reichverzierte Bekrönung aus Zinkguß auf. An spätbarokke Vorbilder – etwa das Monument Diezelsky auf dem Invalidenfriedhof von 1779 – knüpft das vermutlich von Hans Dammann entworfene riesige Tuffsteindenkmal für im Ersten Weltkrieg gefallene Mitglieder der Familie Kappel an.

Die von Adolf von Hildebrand 1907 geschaffene neoklassizistische Eckgrabanlage der rumänischen Generalkonsulsfamilie Russell besaß ursprünglich Bronzeschrifttafeln; der Muschelkalkstein ist bereits so stark verwittert, daß die plastische Gestaltung teilweise nur noch zu erahnen ist. Es besteht eine direkte Verwandtschaft mit dem etwa gleichzeitig von Hildebrand entworfenen Erbbegräbnis Helmholtz-Siemens auf dem Neuen Friedhof Wannsee.

Ein Marmorkreuz in lateinischer Form bezeichnet das Grab der Maximiliane Gräfin von Oriola (1818-1884), Tochter des

Dichterehepaares Bettina und Achim von Arnim. An der in der Nähe befindlichen Ruhestätte der Familie Reichensperger fehlt die Tafel für den seinerzeit führenden katholischen Zentrumspolitiker Peter Franz Reichensperger (1810-1892).
An einigen Grabstätten erinnern die Namen an die großen Traditionen der Berliner Gastronomie. Das große geschwungene Muschelkalksteinmal für die Hotelierfamilie Adlon zeigt im Mittelteil ein Marmorporträtrelief Lorenz Adlons (1849-1921) von Walter Schott. Als schlichte Putzwand mit Scheintür gestaltet ist die Ruhestätte

links Grabstätte der Familie Patzenhofer (um 1873), *oben* Grabarchitektur für Jules Brunfaut (um 1928)
Seite 37 links Granitkreuz für Therese Renz (1938), *rechts* Grabarchitektur für die Familie Rilz (um 1888)

für Mathias Bauer (1833-1894) und seine Ehefrau Therese (1843-1906), Besitzer des 1867 gegründeten berühmten Cafés Bauer Unter den Linden, des ersten Wiener Kaffeehauses in Berlin. Jugendstilformen prägen das Muschelkalkdenkmal mit einer sitzenden trauernden Frauenfigur von einem

Rundbogen für den Meisterkoch Jules Brunfaut (1873-1928). Der Familie Patzenhofer – der Münchener Johann Georg Patzenhofer (1815-1873) begründete 1853 die gleichnamige bekannte Berliner Brauerei – wurden drei spätklassizistische Kreuze und zwei Stelen aus Marmor gesetzt.

Vor einer neoklassizistischen Wandarchitektur aus muschelkalkartigem Werkstein steht eine überlebensgroße Christusfigur auf dem Erbbegräbnis James Cloppenburg (1877-1926) und Mary Cloppenburg, geb. Peek (1879-1937), deren Namen eng mit dem Berliner Konfektionshandel verbunden ist. Die Ruhestätte der Familie Hermann Dyckhoff (1853-1916) mit einer ebenfalls überlebensgroßen Christusgestalt aus Marmor vor einer halbrunden Arkadenarchitektur aus Muschelkalk, gestaltet von den Werkstätten für Friedhofskunst Berlin, erinnert an die einst renommierte Textilfirma Esder & Dyckhoff. Ihr gegenüber erhebt sich die ovale Grabarchitektur der bedeutenden Steinmetzfamilie Schilling aus Muschelkalk in typischen Art-deco-Formen; hier ruhen der »Königliche Hofsteinmetzmeister« Matthias Carl Schilling (1851-1909) und sein Sohn, der Architekt und Steinmetzmeister Carl Schilling jun. (1876-1939), deren Werkstatt an vielen öffentlichen Bauten in ganz Berlin mitwirkte.

Im Erbbegräbnis Egells mit seinen schönen, vom Verfall bedrohten, klassizistischen eisernen Umfassungsgittern ruht auch Franz Anton Jakob Egells (1788-1854), der als einer der Hauptbegründer der deutschen Maschinenbauindustrie 1821 die erste private Eisengießerei in der Chausseestraße eröffnete und u.a. Lehrmeister von August Borsig war. Das gleiche Gitter ist an der rückwärtig anstoßenden Grabstätte der Medizinerfamilie Renvers zu finden – Rudolf von Renvers (1854-1909) war langjähriger ärztlicher Direktor des Krankenhauses Moabit – , die mit den Egells verwandt ist. Der Name des Ingenieurs Carl Flohr (1850-1927) ist mit der seit 1879 bestehenden und heute international tätigen Firma für Fahrtreppen und Aufzüge Flohr-Otis verbunden. Ein schlichtes schwarzes Granitkreuz setzte man Therese Renz (1859-1938), Kunstreiterin aus der bekannten Berliner Zirkusfamilie.

Wiederentdeckt werden konnte 1986 durch die Friedhofsverwaltung das Grab des spanischen romantischen Dichters und Romanciers Enrique Gil y Carrasco (1815-1846), der ab 1844 Botschaftssekretär in Berlin und hier mit Alexander von Humboldt befreundet war. Die sterblichen Überreste Gil y Carrascos wurden mehr als 140 Jahre nach seinem Tod in sein Geburtsland überführt.

Auf dem Hedwigsfriedhof sind Arbeiten verschiedener wichtiger Berliner Steinmetzwerkstätten nachweisbar, so u.a. von Kessel & Röhl, Scherhag und Stahl & Herzog. Der Architekt und Grabstättenforscher Willibald E. Meyer entwarf für die Kreuzberger Firma Grabmalskunst die neogotische Backsteinkapelle des Kapellmeisters und Komponisten Eugen Gottlieb (1879-1940) und die Muschelkalksteinanlage der

oben links Schmiedeeiserne Kreuze für die Familie Stockmann (1926/1941), *oben rechts* Detail vom Eisengußgitter der Grabstätte Egells (um 1854)
Seite 39 Blick vom Hauptweg zur Kapelle, rechts Trauernder Engel von Josef Limburg, Aufnahme aus dem Jahre 1984

Familie Weber von 1912. Die Wandarchitektur aus grauem Syenit für die Grabstätte Arnstein von 1906 mit überlebensgroßem galvanoplastischen, geborstenen Engel entstand in der Werkstatt von W. Henze. Die Schöpfer der beachtenswerten modernen Eisenkreuze für das Ehepaar Stockmann

von 1926 und 1941 sowie des Granitsteins Gromadecki mit Bronzekreuz von 1931 waren nicht zu ermitteln, während aus der Werkstatt von Georg Tyllack verschiedene, leider häufig beschädigte Holzkruzifixe stammen. Sehr zahlreich vertreten mit neueren, anspruchslosen Grabmälern ist die Steinmetzwerkstatt Ferdinand Krause, seit 1960 Betrieb III der PGH des Steinmetzhandwerks Berlin-Mitte und seit 1990 Steinmetzhütte Berlin GmbH i.G.

In der Nähe des Friedhofszugangs von der Wöhlertstraße entstand 1986 bis 1988 ein neues Verwaltungsgebäude. Hier stehen derzeit auch die beiden rund 3 m hohen knienden Marmorengel, die seit 1950 den Hauptweg vom Eingang Liesenstraße zur Kapelle eindrucksvoll flankiert hatten und 1985 dem verbreiterten Grenzstreifen weichen mußten. Diese Schöpfungen des Bildhauers Josef Limburg (1874-1955) haben ihre eigene wechselvolle Geschichte. Im Jahre 1911 hatte Limburg für die Familiengrabkapelle des Bergrates Pieler in Ruda/Oberschlesien einen betenden und einen trauernden Engel entworfen. Bevor die Bronzeengel 1914 an ihren Bestimmungsort gelangten, wurden sie in der Akademie der Künste zu Berlin ausgestellt. Zwei Jahre später erhielt Josef Limburg auf Initiative der Kaiserin Auguste Viktoria durch Wilhelm II. den Auftrag, ein Denkmal für den deutschen Soldatenfriedhof im nordfranzösischen Colonfay zu schaffen. Die mit Sokkel nun rund 5 m hohen und gegenüber der Erstfassung damit doppelt so großen, in Marmor ausgeführten Engel sollten – nach einer Skizze des Kaisers – zu beiden Seiten eines 8,50 m hohen Kreuzes stehen. Der Verlauf des Ersten Weltkrieges verhinderte jedoch, daß die fertiggestellten Großplastiken nach Frankreich geschickt werden konnten. Auch eine Aufstellung in dem als Mausoleum dienenden Antikentempel im Park von Potsdam-Sanssouci kam nicht zustande, ebensowenig ein Abtransport ins kaiserliche Exil nach Doorn in Holland. So waren die Marmorengel schließlich bis 1950 im Berliner Schloß deponiert und gelangten von dort zum Hedwigsfriedhof. Die Grabstätte Josef Limburgs befand sich bis 1985 am Hauptweg, in Nähe seiner Hauptwerke – der Stein mußte als Folge der Grenzverschiebung umgesetzt werden. Auf dem Friedhof fand man noch eine weitere Arbeit von Limburg: auf der Ruhestätte Modler eine 1928 in der WMF-Galvanoplastik-Werkstatt Geislingen hergestellte Christusfigur, die im August 1990 zusammen mit anderen Grabmalsplastiken gestohlen wurde; es handelte sich hierbei um eine Wiederholung der Herz-Jesu-Statue vor der Familiengruft von Sierstorpff in Endersdorf bei Grottkau/Oberschlesien, die Limburg 1924 in Muschelkalkstein ausgeführt hatte.

Mit der Wiedervereinigung Berlins besteht die begründete Hoffnung, daß der Alte Domfriedhof in der Liesenstraße wieder zu einer der Hauptbegräbnisstätten der katholischen Einwohner unserer Stadt werden kann. Nach einer Entscheidung über die endgültige Gestaltung des Gesamtareals sollen auch die beiden Marmorengel wieder ihren ursprünglichen Platz einnehmen und die Besucher dieses bemerkenswerten historischen Friedhofes unserer Stadt still grüßen.

Der Friedhof der St.-Hedwigs-Gemeinde in Weißensee

Die rasche Zunahme des katholischen Bevölkerungsanteils in Berlin nach der Mitte des 19. Jahrhunderts – 1860 rund 15 000, 1875 bereits 64 000 – machte auch die Anlage eines neuen Begräbnisplatzes erforderlich. So entstand der dritte katholische Friedhof, und zwar außerhalb des damaligen Weichbildes von Berlin, südlich des Weißenseer Dorfkernes.

Die 2,7 ha große Anlage mit Zugang von der Smetanastraße 36-54 (bis 1951 Wörthstraße 15) wurde im Jahre 1876 eingeweiht.

Südwestlich grenzt unmittelbar der 1890 eröffnete, mehr als 40 ha große Friedhof der Jüdischen Gemeinde zu Berlin an.
Nach Entwürfen des katholischen Kirchenbaumeisters Max Hasak entstanden die Friedhofsmauer mit dreigeteiltem Eingangsportal und die Kapelle in einheitlichem Stil als neogotische dunkelrote Backsteinbauten. Die im Zentrum des Friedhofes errichtete Aussegnungshalle – einer der gelungensten derartigen Bauten in Berlin – ist ein quergelagerter Bau mit rückwärtiger Apsis und hohem, schiefergedeckten Dachreiter über der Vierung.
Der Weißenseer Hedwigsfriedhof wurde im Laufe der Zeit auch zur Begräbnisstätte für die katholischen Kirchen Herz Jesu, Heilige Familie, St.-Clemens, St.-Augustinus, St.-Josef, St.-Agnes, St.-Bonifatius, St.-Maria Viktoria, St.-Ansgar, St.-Rita sowie der katholischen Gemeinden von Pankow, Reinikkendorf, Tegel, Hermsdorf und Wittenau. Dementsprechend ruhen an der relativ kurzen Hauptallee mehrere Geistliche verschiedener Gemeinden. Hier findet man auch den ältesten erhaltenen Grabstein: das neogotisch gestaltete Marmormonument für Franciscus Przyniczynski (1844-1896), Curatus von Weißensee. Sterbedaten ab 1960 liest man auf den einfachen Marmortafeln der gemeinsamen Ruhestätte der Karmelitinnen vom Göttlichen Herzen Je-

Seite 42 links Grabengel für Grabstele Hedwig Maiß, Galvanoplastik von F. Völker (Ende des 19. Jahrhunderts);
oben Geschmiedetes Stahlkreuz aus dem Jahr 1978

su. Neben Schwestern verschiedener anderer Orden sind auch Gefallene des Ersten Weltkrieges auf dem Friedhof bestattet.

Insgesamt gibt es heute nur noch wenige künstlerisch interessante Grabdenkmäler. Die einzige größere, 1986 abgebaute Plastik hatte sich auf dem Grab von Hedwig Maiß aus dem Jahre 1899 erhalten: auf schwarzem Granitpostament ein Engel mit Anker, nach einem Modell von F. Völker von den Galvanoplastischen Werkstätten Geislingen/St. hergestellt.

An der Friedhofsmauer befindet sich noch das als schwarze Granitwand gestaltete Erbbegräbnis des Fabrikbesitzers Max Steinke (1872-1925), nach dem auch eine Weißenseer Straße benannt ist. Nicht erhalten ist dagegen das Denkmal für die einst in Berlin gefeierte Raffaëla Pattini (1865-1899). Ein schmuckloser Granitstein wurde dem bekannten Berliner Drehorgelbauer Giovanni Bacigalupo (1889-1978) gesetzt.

Beachtung verdienen einige moderne Grabmalsgestaltungen – so das Muschelkalksteinmal mit überdachtem Kruzifix für Karl Berg (1883-1943), Pfarrer von Weißensee, die Granitstele für Karl Pelz (1881-1962), Erbauer und Pfarrer der St.-Augustinus-Kirche, und der Inschriftstein aus Travertin auf der Ruhestätte Kauffeldt von 1976, vor allem aber das von einem Schriftband umschlungene Kreuz aus geschmiedetem Stahl für Martha Mainka aus dem Jahre 1978.

Zahlreiche Grabdenkmalfabriken waren in der ersten Hälfte dieses Jahrhunderts Lieferanten für den Hedwigsfriedhof: neben Max Gericke vor allem Fritz Leuchtenberg, außerdem G. Strehler, Otto Rößler, Max Redmann, Stahl & Herzog, Carl Krause, Günther & Sohn, M. Jäckel, Oswald Schimmelpfennig, B. Voigt, A. Franz u.a. Von den früher häufig aufgestellten einfachen Holzkreuzen, wie sie charakteristisch für einen katholischen Friedhof waren, findet man heute nur noch wenige Beispiele, so an der Ruhestätte der Familien Niemczyk/Twardowski, wobei die ursprünglichen kleinen Kruzifixe hier wie auch an deren Grabkreuzen leider fehlen – langfristige Verwitterung und der zunehmende Vandalismus der jüngsten Zeit sind hier nicht zu übersehen.

Gemeinsame Ruhestätte der Jesuiten; im Hintergrund der Gedenkstein für den Jesuitenpater Alfred Delp

Der Domfriedhof St.-Hedwig in Reinickendorf

Der vierte Friedhof der St.-Hedwigs-Gemeinde wurde in den Jahren 1877/78 nordwestlich des alten Berliner Stadtkerns auf Reinickendorfer Gemeindegemarkung angelegt. Das insgesamt 8 ha 18 ar 82 m² große Grundstück an der damaligen Dalldorfer Chaussee, der späteren Berliner Straße 26 und heutigen Ollenhauerstraße 24-28, und dem seinerzeitigen Weg nach Reinickendorf, der Humboldtstraße 47-68, befand sich schon zuvor weitgehend im Besitz der Hedwigsgemeinde. Das dreieckige Areal war damals zunächst von Ackerland umgeben – bis zur Jahrhundertwende entstanden in Nachbarschaft des Gottesackers von St.-Hedwig noch fünf weitere Begräbnisplätze. Im Süden schließt seit 1888 unmittelbar der Friedhof II der Nazareth-Gemeinde an, im Osten seit 1894 der der St.-Sebastian-Gemeinde.

Der geometrisch angelegte Hedwigsfriedhof mit einfachem Wegeraster, Alleen und Hecken besitzt einen schönen Baumbestand mit Ulmen, Pyramideneichen, Kastanien, Pappeln, verschiedenen Ahornarten und Koniferen.

Am 15. Oktober 1878 erfolgte die Einweihung, am 20. November die erste Beerdigung. Der älteste Plan für eine provisorische Leichenhalle stammt vom 18. Juli 1878. Nachdem das Areal zunächst nur eingezäunt war, ließ die Gemeinde 1890 an der Front zur Berliner Straße eine Mauer errichten, 1903 auch entlang der Humboldtstraße. Die ursprüngliche Backstein-Friedhofsmauer mit dreigeteiltem Hauptportal sowie das Inspektorenhaus und die Blumenhalle mußten im Jahr 1967 der

Seite 46 Allerheiligenkapelle; *oben* Kreuzigungsmosaik am Grabmal der Familien Praschma/Reinold (um 1926)
Seite 48 links Granitdenkmal der Familie Müller (Anfang des 20. Jahrhunderts), *rechts* Sandsteinstele für Antoinette Weiss

völligen Neugestaltung der Eingangssituation weichen, die dem nüchternen Baugeschmack jener Zeit entspricht; die Pläne dafür, einschließlich des Neubaus der Wirtschafts- und Verwaltungsgebäude, gehen auf Diözesan-Baurat Jünemann zurück.
Die einfache Leichenhalle wurde durch eine 1906 bis 1908 nach den Plänen von Carl Moritz errichtete Kapelle ersetzt, einen neoromanischen Bau mit Jugendstilelementen. Als Allerheiligenkapelle am 2. Mai 1908 durch den Fürstbischöflichen Delegaten Karl Kleineidamm geweiht, war das Gebäude ab 1929 eng mit der Geschichte der St.-Rita-Gemeinde verbunden. Es diente der von den Augustiner-Patres betreuten Kuratie Reinickendorf-West bis zum Bau der St.-Rita-Kirche im Jahre 1952 als Gotteshaus. Nachdem bereits 1942 Bombenschäden beseitigt wurden, erfolgte nach dem Zweiten Weltkrieg eine stark vereinfachte Wiederherstellung des verwüsteten Innenraumes der Kapelle – im Mai 1945 hatten sowjetische Truppen auf dem Friedhof ihr Lager aufgeschlagen und die Kapelle als Übernachtungsstätte benutzt.
Nach der Auflassung und Abräumung des ältesten Begräbnisplatzes der Hedwigsgemeinde am Oranienburger Tor im Jahre 1902 wurden gesammelte menschliche Gebeine in Eingangsnähe des Reinicken-

dorfer Friedhofes beigesetzt. Von den alten Grabsteinen ist dort nur noch das rund 2 m hohe frühklassizistische Sandsteinmonument für Antoinette Weiss (1769-1805) wiederzufinden. Im Warteraum, links vom Haupteingang, sind zwei, für Berlin sehr ungewöhnliche Kindergrabmäler aufgestellt worden, die sehr wahrscheinlich vom aufgelassenen Hedwigskirchhof stammen: an italienische Renaissancevorbilder erinnernde Relieftondi aus Terrakotta sind Elisabeth Janda (1864-1865) und Jenny Janda (1866-1867) gewidmet, wobei die Kinderköpfe jeweils sehr individuelle Gesichtszüge tragen – vermutlich Werke, die der Bildhauer Johannes Janda als Vater geschaffen hat. In dem Raum hat auch eine Granittafel für Aloys Hermes (1827-1889) Platz gefunden mit der Inschrift »Dem begabten Komponisten und hochverdienten Lehrer der Tonkunst. Dem Erschließer und Würdiger des Märkischen Landes. Seine Freunde in Moabit.«

Ansonsten findet man nur wenige Grabdenkmäler vom Ende des 19. Jahrhunderts. Erwähnung verdienen ein hochaufragendes Sandsteinkreuz mit Christuskorpus in Eisenkunstguß (Feld D1), vor der Kapelle eine Marienfigur in Zinkguß, signiert »Handa, fec. 1873«, rechts der Kapelle eine beschädigte weibliche Terrakottafigur der Firma March auf Sandsteinpostament mit unleserlicher Inschrift, links der Kapelle eine Trauernde in Zinkguß auf verwittertem Sandsteinpostament. Ob diese Denkmäler möglicherweise vom alten Hedwigsfriedhof stammen, ist nicht mehr nachweisbar.

Das Gesamtbild des Reinickendorfer Friedhofes wird heute wesentlich geprägt durch eine Reihe von Gemeinschafts-Grabanlagen – so für die Karmeliterinnen, Schwestern zum Guten Hirten, Salvatorianerinnen, Grauen Schwestern, Barmherzigen Brüder, Augustiner von St.-Rita, Cammillianer, Angehörigen des Hedwigs-Krankenhauses und des Priesterhilfswerks. Auf dem Grabfeld D2 für Geistliche ist Pfarrer Josef Lenzel (1890-1942) beigesetzt; als Präses der Kolpingfamilie hat er sich in der NS-Zeit vor allem für polnische Zwangsarbeiter eingesetzt und wurde im KZ Dachau ermordet.

Drei weitere Gemeinschaftsanlagen fallen durch ihre besondere bildhauerische Gestaltung auf. Der rund 4 m hohe Priestergedenkstein aus Basaltlava in Form eines Ährenkreuzes für das Domkapitel von St. Hedwig (Feld B3) entstand mit den zugehörigen Grabplatten in den Kunstwerkstätten der Benediktinerabtei Maria Laach. Diese Domherrengruft war angelegt worden, nachdem als Folge des kommunistischen Mauerbaus vom 13. August 1961 der Hauptfriedhof von St.-Hedwig in der Liesenstraße im Grenzgebiet lag und damit so gut wie unzugänglich war.

Das Denkmal auf der gemeinsamen Ruhestätte der Jesuiten (Feld A4) ist eine Schöpfung des Berliner Bildhauers Paul Brandenburg; hier befindet sich auch eine Gedenkstele für den Jesuitenpater Alfred Delp (1907-1945), seit 1941 Seelsorger in München, im Widerstand gegen das NS-Regime dem Kreisauer Kreis zugehörig, 1944 verhaftet und im Zuchthaus Plötzensee hingerichtet.

Auf Paul Brandenburg geht auch die künstlerische Gestaltung der Ruhestätte katholischer Berliner Priester links der Kapelle (Feld B3) zurück. Des weiteren schuf er den Heiligen Franziskus über dem Grab des Ehepaares Breitenstein (1966), das Marmorkreuz für Therese Rieden (1976) und die Osterlammdarstellung für Elisabeth Herrmann (1988/91).

Ansonsten findet man zumeist schmucklose neuzeitliche Grabsteine – einige wenige mit Kruzifixen oder interessanter Schriftgestaltung. Beachtung verdient die Mosaikdarstellung einer Kreuzigung – vermutlich aus den Werkstätten Puhl & Wagner – am roten Sandsteindenkmal der beiden Familien Praschma/Reinold von 1926 (Feld B4) – dergleichen ist heute kaum noch auf Berliner Friedhöfen anzutreffen.

Etwa 450 Tote des Zweiten Weltkrieges – zumeist Fremdarbeiter und Bombenopfer – sind vor allem auf dem Grabfeld F1 beigesetzt worden. Eine spezielle Abteilung für Angehörige der Volksgruppe der Sinti und Roma befindet sich an der Grenze zum Nazareth-Friedhof.

Unbezeichnet sind zwei weitere Sammelgrabstätten: Im Mai 1931 wurden 85 Särge – vorwiegend aus Marmor oder Zink – aus der Gruft der Hedwigskathedrale auf den Feldern D1 und E1 in die Erde versenkt. Nur 35 von ihnen lassen sich heute anhand der erhaltenen Totenregister namentlich eindeutig nachweisen; es handelt sich u.a. um Familienmitglieder katholischer Diplomaten aus Polen, Frankreich und Spanien sowie verschiedene Angehörige der Fürstenfamilie von Radziwill. Dagegen kann nicht mehr eindeutig gesagt werden, welche etwa 50 katholische Geistlichen aus der Hedwigsgruft nach Reinickendorf überführt wurden.

Von 1937 bis 1979 stand auf dem Reinickendorfer Hedwigsfriedhof das fast 6 m hohe Marmordenkmal für den liberalen preußischen Politiker Fürst Franz Leo Benedikt Waldeck, 1889 von Heinrich Walger geschaffen; ursprünglicher und jetziger Standort ist der Kreuzberger Waldeckpark, an dessen Stelle sich vom Anfang des 17. bis zur Mitte des 19. Jahrhunderts der Jakobifriedhof befand. Die letzte Ruhestätte Waldecks, der zu den Mitschöpfern der Frankfurter Verfassung von 1848 gehörte, auf dem Alten Domfriedhof in der Liesenstraße wurde nach dem Mauerbau 1961 eingeebnet.

Grabfigur aus Terrakotta der Tonwarenfabrik March (um 1880)

Der Friedhof der St.-Hedwigs- und St.-Pius-Gemeinde in Hohenschönhausen

Nach den evangelischen Kirchengemeinden von St.-Markus und St.-Andreas entschloß sich Ende der 80er Jahre des 19. Jahrhunderts die neugebildete St.-Pius-Gemeinde ebenfalls zur Anlage eines eigenen Friedhofes. Dieses Projekt ist im Zusammenhang mit dem raschen Bevölkerungswachstum jener Zeit zu sehen, das sich auch in der zunehmenden Zahl der Katholiken niederschlug: 1899 lebten in Berlin immerhin 155 000 und in den Vororten 45 000 Gemeindemitglieder. Bereits im Januar 1890 wurde gemeinsam mit der Hedwigs-Gemeinde ein 12,77 ha großes, zum damaligen Rittergut Hohenschönhausen gehörendes Gelände mit Zustimmung des Fürstbischofs von Breslau und der preußischen Regierung für insgesamt 75 000 Mark erworben. Durch Los wurde entschieden, daß die rechte Hälfte St.-Pius und die linke St.-Hedwig zufiel. Im ersten Halbjahr 1890 erfolgten dann eine Einfriedung des Grundstücks mit Holzzaun für 5900 Mark, der Bau einer provisorischen Leichenhalle für 3800 Mark durch den Zimmermeister Blunck aus der Fruchtstraße sowie die Anlage eines Brunnens. Die Späthsche Baumschule in Baumschulenweg pflanzte 305 Linden und 40 Kastanien zum Gesamtpreis von 1566,90 Mark und übernahm eine einjährige Garantie. Für 100 Mark errichtete man in der Mitte des Friedhofes ein großes Holzkreuz. Sämtliche anfallenden Kosten teilten sich die beiden Gemeinden, wie in der 1907 erschienenen Friedhofschronik von Wilhelm Frank berichtet wird.

Am 19. Oktober 1890 wurde der neue Gottesacker durch den Fürstbischöflichen Delegaten Propst Joseph Jahnel eingesegnet; zwei Tage später erfolgte die erste Beerdigung.

Zunächst war nur ein Fünftel des Grundstücks für Friedhofszwecke eingezäunt worden. Das relativ schmale, bis zu 730 m lange Gelände grenzte im Südwesten und Nordwesten an den Andreas-Markus-Friedhof und im Nordosten an das Rittergut Hohenschönhausen; es besaß im Südosten eine 172 m lange Front an der von Neu-Hohenschönhausen nach Hohenschönhausen führenden Schönhauser Landstraße (später Berliner Straße, seit 1985 Konrad-Wolf-Straße).

Links vom Eingang entstand 1892 nach einem Entwurf des Architekten August Menken ein Totengräberhaus – das heutige, 1984 rekonstruierte Verwaltungsgebäude – für 21 684 Mark. Da die Piusgemeinde erst 1893/94 eine eigene Kirche von Max Hasak in der Palisadenstraße errichten lassen konnte, übernahm St.-Hedwig die Gesamtkosten für die Friedhofseinrichtung und räumte St.-Pius das Mitbenut-

zungsrecht ein. Letztere zahlte ihren Teil der Kaufsumme für das Terrain in Höhe von 37 500 Mark in jährlichen Raten von 2158 Mark an die Kurmärkische Hilfskasse zurück, die den Betrag geliehen hatte.

Das zunächst noch nicht belegte Friedhofsland wurde an verschiedene Grundbesitzer

oben Grabstätte für Weihbischof Kleineidamm (1984), *rechts* Gedenkanlage für Würdenträger von St.-Hedwig

zur landwirtschaftlichen Nutzung verpachtet. 1897 stimmten beide Kirchenvorstände der Einbeziehung ihres Begräbnisplatzes in die Gemeinde Hohenschönhausen zu. Im Jahre 1900 wurde der eingefriedete Teil erweitert und die gemeinsame Hauptallee verlängert und mit Linden aus der Späthschen Baumschule – für 7,50 Mark je Baum – bepflanzt.

In den ersten 15 Jahren beerdigte die Hedwigsgemeinde auf ihrem Friedhofsteil 676 Erwachsene und 2254 Kinder – auch ein Spiegelbild der damaligen hohen Kindersterblichkeit in Berlin.

Der Grundsteinlegung für eine neue Kapelle am 6. November 1905 gingen längere Verhandlungen zwischen beiden Gemeinden voraus. Das nach Entwürfen von Baurat Adolf Bürckner durch den Architekten und Bauunternehmer Hermann Bunning für rund 70 000 Mark errichtete Gebäude sollte nicht nur als Leichen- und Trauerhalle dienen – es war auch für Gottesdienste der Katholiken der zur Pfarrei Lichtenberg gehörenden Kolonie Wilhelmsberg und der Landgemeinde Hohenschönhausen vorgesehen und erhielt den Namen Kreuzkirche. Am 28. Juli 1907 erfolgte die Einweihung der in Formen der märkischen Backsteingotik erbauten, 32 m langen Friedhofskirche mit weithin sichtbarem 27 m hohen Turm. Die unter der Kirche gelegene Krypta wurde von Anfang an als Leichenhalle genutzt.

Bis zur Bildung der Heilig-Kreuz-Kuratie im Pfarrverband Weißensee am 1. Januar 1932, zu der 1850 Katholiken gehörten, diente das Gebäude allerdings ausschließlich als Friedhofskapelle. Erst zu diesem Zeitpunkt erfolgte eine Umgestaltung zu einem Gemeindegotteshaus mit Altar, Kanzel und Taufstein. Von den beiden Bronzeglocken mußte die erst 1934 gegossene 825 kg schwere im Januar 1941 für Rüstungszwecke abgeliefert werden. Im Jahre 1967 wurde die katholische Pfarrkirche Heiligkreuz nach den liturgischen Forderungen des Zweiten Vatikanischen Konzils umgebaut, wobei der Innenraum einschließlich der Ausstattung nach Entwürfen des Dresdner Künstlers Friedrich Press eine völlige Neugestaltung erfuhr.

Ähnlich eindringlich wie auf dem Städtischen Friedhof Marzahn wird auch der Besucher des Hedwigs-Pius-Friedhofes an die Verbrechen des NS-Regimes und die Schrecken des Zweiten Weltkrieges durch mehrere Gedenksteine erinnert. Sie wurden gesetzt für 1647 hier bestattete Sowjetbürger sowie für 195 Belgier, 102 Holländer und Polen, die als Kriegsgefangene oder als Zwangsarbeiter nach Deutschland verschleppt worden waren und an den Folgen der unmenschlichen Ausbeutung in der Rüstungsindustrie, an Entbehrungen und Mißhandlungen oder bei anglo-amerikanischen Bombenangriffen starben. Gleichfalls hier beigesetzte Italiener, Franzosen und andere Westeuropäer wurden nach 1945 in ihre Heimatländer überführt. Nicht mehr genau zu ermitteln ist die Zahl der auf diesem Friedhof bestatteten Opfer des faschistischen Euthanasieprogramms sowie der Angehörigen der Volksgruppe der Sinti und Roma.

Auf dem Hedwigs-Pius-Friedhof ruhen außerdem in namenlosen Gräbern insgesamt 1058 deutsche Soldaten und Zivilisten, die vor allem in den ersten Monaten des Jahres 1945 ums Leben kamen. Für alle diese Opfer wurden 1954 einfache Ehrenhaine mit Denksteinen angelegt. Eine grundlegende würdige Neugestaltung dieser Grabfelder ist vorgesehen. Im Jahre 1953 war auf Initiative des damaligen Friedhofsinspektors Rudolf Sehrndt (1895-1976) mit einer gärtnerischen Umgestaltung des Friedhofes begonnen worden. So errichtete man 1955 auf dem neubepflanzten sogenannten Fuchsberg ein 6 m hohes Eichenkreuz mit Steinaltar davor; an diesem Hügel fand Sehrndt auch seine letzte Ruhestätte. Er ließ 1956 eine 3 m hohe Fliederhecke beseitigen, die die beiden Friedhofsteile im Nordwesten völlig voneinander trennte, und den gemeinsamen Hauptweg wiederherstellen.

Auf dem heute gestaltungs- und verwaltungsmäßig eine Einheit bildenden Begräbnisplatz befinden sich – im Unterschied zum Hedwigsfriedhof in der Liesenstraße – nur wenige künstlerisch bemerkenswerte Denkmäler. Zu diesen gehörte die von 1963 bis 1984 an der Birkenallee hinter der Kapelle aufgestellte große Marmorgruppe »Noli me tangere«, 1750 von Giovanni Marchiori für den Hochaltar von St.-Hedwig geschaffen und nach Beschädigung im Zweiten Weltkrieg hierher versetzt. Seit 1985 befindet sich diese bedeutende sakrale Rokokoplastik in der katholischen Pfarrkirche von Karlshorst.

Links neben der Friedhofskirche fällt eine Gedenkwand aus Travertin für die seit 1914 verstorbenen geistlichen Würdenträger von St.-Hedwig auf; die Inschrift »Den verstorbenen Brandenburgen« weist auf die katholische Verbindung der Brandenburger hin. Rings um die Kapelle ruhen zahlreiche Geistliche verschiedener katholischer Gemeinden Berlins. Als vorbildliches Beispiel moderner Grabmalskunst ist hier die dreiteilige Anlage aus Tuffstein für den Berliner Weihbischof Johannes Kleineidamm (1935-1981) hervorzuheben; der Bildhauer Hans Wachter aus Kempten/Allgäu, der auch die Gedenktafeln für die Berliner Bischöfe in der Krypta der St.-Hedwigs-Kathedrale geschaffen hat, wollte mit dieser Arbeit aus dem Jahre 1984 an mittelalterliche Grabmalsformen keltischen Ursprungs anknüpfen.

Am hinteren Teil des mittleren Hauptweges haben sich noch einige ältere Erbbegräbnisse und, nebeneinanderliegend, drei für Berlin einst typische Gestaltungen erhalten: das neoromanische Grabmal Malys von 1928 mit Bronze-Madonnenrelief im italienischen Renaissancestil, signiert Langner, die Galvanoplastik eines Engels mit Anker auf Marmorsockel von F. Völker auf der Ruhestätte Breyer und die rote Granit-

anlage mit segnender Marmor-Christusfigur aus der Werkstatt Stahl & Herzog für die Familie Graf, die beiden letzteren von 1929.
Während sich auf dem linken Friedhofsteil u.a. die gemeinsamen, schlichten Begräbnisstätten der Schwestern aus dem St.-Katharinenstift und der Dominikanerinnen vom Arenberg sowie ein Gedenkstein für deutsche Gefallene der Jahre 1939 bis 1945 befinden, liegt auf dem Pius-Teil die Ruhestätte der Ehrwürdigen Grauen Schwestern von der Heiligen Elisabeth.
Das Granitkreuz für den Baumeister Max Hasak (1856-1934) wurde vom 1984 aufgelassenen Friedhof der Charlottenburger Herz-Jesu-Gemeinde in Staaken 1986 nach Hohenschönhausen umgesetzt. Hasak ist Schöpfer mehrerer katholischer Gotteshäuser in Berlin, so von St.-Sebastian, St.-Bonifatius, St.-Mauritius, Corpus Christi und St.-Pius.
Neben einigen unbedeutenderen Wanderbbegräbnissen an der nördlichen Friedhofsmauer von St.-Pius gehörte zu den ältesten erhaltenen Grabstätten die nach 1910 geschaffene, 1986 beseitigte, aufwendige Eckanlage aus grauem Syenit für die Familie Gross nach Entwurf von J. P. Landvogt, ausgeführt von der Werkstatt Bühl und Reuther in Tempelhof. Mit einfacheren Denkmalen ab 1907 ist die Steinmetzfirma Hahn mehrfach auf diesem Friedhof vertreten.
An der Hauptallee in der Nähe des Eingangs erhebt sich das mannshohe Holzkreuz für den Bildhauer Georg Tyllack (1911-1975), dessen Werkstatt zahlreiche Holzgrabmäler unterschiedlicher Qualität vor allem für die katholischen Friedhöfe Berlins herstellte, so auch für St.-Hedwig und St.-Pius. Als gelungenes Beispiel kann man das Kreuz für Josef Baron (1874-1953), 1908 bis 1951 Pfarrer von St.-Antonius in Berlin betrachten, das rechts von der Friedhofskirche steht.
Der Hohenschönhausener Hedwigs-Pius-Friedhof wurde im Laufe der Zeit auch zum Begräbnisplatz für die Gemeinden von St.-Antonius in Oberschöneweide, St.-Mauritius in Lichtenberg, St.-Dreifaltigkeit im Bezirk Friedrichshain, Corpus Christi, St.-Augustinus und Heilige Familie im Bezirk Prenzlauer Berg sowie St.-Maria Viktoria im Bezirk Mitte.

Seite 59 links Holzgrabkreuz aus der Werkstatt Georg Tyllack (um 1953), *rechts* Blick von der Hauptallee zur Friedhofskirche

Literaturhinweise

Josef Mörsdorf, Die St. Hedwigskirche zu Berlin – Baudenkmal, Mutterkirche, Begräbnisstätte. Dissertation, München 1952

Heinz Endres, Die St. Hedwigs-Kathedrale zu Berlin. Leipzig 1974

Heinz Endres/Karl-Heinz Hoefs, St. Hedwig-Kathedrale. Dresden o.J. (1990)

Sibylle Badstübner-Gröger, Die St. Hedwigs-Kathedrale zu Berlin. Berlin (DDR) 1991, 3. Auflage

Johannes Allendorf u. A. Schneider, 100 Jahre St.-Hedwig-Friedhof zu Berlin. Berlin 1934

Wilhelm Frank, Friedhof und Friedhofkapelle der St. Pius- und St. Hedwigs-Gemeinde in Hohenschönhausen. Berlin 1907

Rudolf Sehrndt, Geschichte der Kirchhöfe St. Hedwig und St. Pius in Berlin-Hohenschönhausen. Handschriftliche Chronik, Berlin (DDR) 1965-1970

Institut für Denkmalpflege/Arbeitsstelle Berlin, Denkmalpflegerische Rahmenzielstellung für den alten St. Hedwig-Friedhof an der Wöhlertstraße, ehem. Liesenstraße 8, Stadtbezirk Berlin-Mitte. Maschinenschriftliches Arbeitsprogramm, Berlin (DDR) 1989

Willi Wohlberedt, Verzeichnis der Grabstätten bekannter und berühmter Persönlichkeiten in Groß-Berlin und Potsdam mit Umgebung. Teile I-IV. Berlin 1932-1952

Berlin und seine Bauten, Band X, Band Anlagen und Bauten für die Versorgung. (3) Bestattungswesen. Herausgegeben vom Architekten- und Ingenieurverein zu Berlin. Berlin (West) und München 1981

Ernst von Harnack, Bestand und Erhaltung der bedeutsamen Grabstätten und Friedhöfe in Groß-Berlin. Denkschrift, erstattet im Auftrag des General-Bauinspektors für die Reichshauptstadt. Berlin 1941-1943. Unveröffentlichtes maschinenschriftliches Manuskript im Landesarchiv Berlin

Fette Seitenzahlen verweisen auf entsprechende Abbildungen.

Alle weiteren Informationen entnehmen Sie bitte beiliegenden Faltplänen.